BEI GRIN MACHT SICH IHR
WISSEN BEZAHLT

- Wir veröffentlichen Ihre Hausarbeit,
  Bachelor- und Masterarbeit

- Ihr eigenes eBook und Buch -
  weltweit in allen wichtigen Shops

- Verdienen Sie an jedem Verkauf

Jetzt bei www.GRIN.com hochladen
und kostenlos publizieren

Timo Bouerdick

Internetnutzung von Migranten in Deutschland

Folgen und Chancen für die Integration mit dem Beispiel türkischer Migranten

GRIN Verlag

Bibliografische Information der Deutschen Nationalbibliothek:

Die Deutsche Bibliothek verzeichnet diese Publikation in der Deutschen National-
bibliografie; detaillierte bibliografische Daten sind im Internet über http://dnb.d-
nb.de/ abrufbar.

Impressum:

Copyright © 2005 GRIN Verlag GmbH
Druck und Bindung: Books on Demand GmbH, Norderstedt Germany
ISBN: 978-3-640-25328-9

Dieses Buch bei GRIN:

http://www.grin.com/de/e-book/120979/internetnutzung-von-migranten-in-
deutschland

GRIN - Your knowledge has value

Der GRIN Verlag publiziert seit 1998 wissenschaftliche Arbeiten von Studenten, Hochschullehrern und anderen Akademikern als eBook und gedrucktes Buch. Die Verlagswebsite www.grin.com ist die ideale Plattform zur Veröffentlichung von Hausarbeiten, Abschlussarbeiten, wissenschaftlichen Aufsätzen, Dissertationen und Fachbüchern.

Besuchen Sie uns im Internet:

http://www.grin.com/

http://www.facebook.com/grincom

http://www.twitter.com/grin_com

Ruhr- Universität Bochum   Wintersemester 2004

Fakultät für Sozialwissenschaft – Sektion Soziologie

Lehrstuhl Organisationssoziologie und Mitbestimmungsforschung

Veranstaltung: Soziologie der internationalen Migration

Modul: Aufbaumodul PWG - Internationale Strukturen und Prozesse

---

Internetnutzung von Migranten in Deutschland - Folgen und Chancen für die Integration mit dem Beispiel türkischer Migranten

---

Hausarbeit eingereicht von:

Timo Bouerdick

5. Semester B. A. Medienwissenschaft/ PWG

Inhaltsverzeichnis

Einleitung

In Deutschland leben über 7 Millionen Menschen mit ausländischer Staatsbürgerschaft zusammen mit den über 2 Millionen Spätaussiedlern stellen damit Migranten mehr als 10 % der Gesamtbevölkerung.

Im Kontext von tendenziell lebenslanger Migration in ein Land ist der Faktor der Integration für einerseits die migrierende Person und ihre Selbstwahrnehmung und andererseits für das aufnehmende Land und seine soziale Stabilität und den gesellschaftlichen Fortschritt von essentieller Bedeutung.

Hierbei spielen nicht zuletzt sprachliche Qualifikation und die informative Anbindung an das Migrationsland an sich und die lokalen Gegebenheiten eine wichtige Rolle.

Im Rahmen dieser Arbeit soll dabei die Internetnutzung, mit Augenmerk auf ebendiese sprachliche Qualifikation und die Informationsbeschaffung, von Migranten, hier im speziellen türkischer Migranten in Deutschland, betrachtet werden. Es sollen Faktoren und Tendenzen im Nutzungsverhalten dargelegt werden und danach gefragt werden welche Folgen daraus eventuell für den Bereich der Integration türkischer Migranten in Deutschland abgeleitet werden können.

1.Begriffserklärung

1.1 Migranten [1]

Der Begriff wird in diesem Kontext als Begriff für sowohl für Immigranten der ersten Generation, als auch für Immigranten späterer Generation und für eingebürgerte Menschen nicht-deutscher Ethnie verwendet.

1.2 Migration

Migration[2] (von lat.: *migratio:* Wanderung) kommt grundsätzlich vor als:

1. Emigration, Auswanderung
2. Immigration, Einwanderung

Migration, eine Form der "horizontalen Mobilität", ist im weitesten Sinne jeder längerfristige Wohnortswechsel eines Menschen. Man bezeichnet im engeren Sinn den Wechsel der Heimat mit Überschreitung einer Ländergrenze als *internationale Migration*, innerhalb eines Landes spricht man von *Binnenmigration*. Das Einwandern in die neue Heimat wird als Immigration bezeichnet. Das Auswandern aus der alten Heimat als Emigration. Bei der internationalen Migration wird des Weiteren zwischen einem dauerhaften Wohnortwechsel (z.B. Auswanderung; Flucht) und einem semipermanenten Wechsel (z.B. Saisonarbeit; Exil) unterschieden. [3]

Im soziologischen Zusammenhang lieferte Annette Treibel nachfolgende Definition:

---

[1] Im Weiteren wird dieser Begriff benutzt, ohne eine Unterscheidung nach Gender-Konnotation

[2] Vgl. Wikipedia, die freie Enzyklopädie, http://de.wikipedia.org/wiki/Migration vom 25.03.2005

[3] Vgl. Wikipedia, die freie Enzyklopädie, http://de.wikipedia.org/wiki/Migration_%28Soziologie%29 vom 25.03.2005

„Migration ist der auf Dauer angelegte bzw. dauerhaft werdende Wechsel in eine andere Gesellschaft bzw. in eine andere Region von einzelnen oder mehreren Menschen". [4]

Generell ist zudem anzumerken das Migration vorrangig in vier Dimensionen auftritt:

> Dimension der Zeit

> Dimension des Raums

> Dimension des Umfangs

> Dimension der Push- and Pullfaktoren

1.3 Integration

Integration meint nach sozialpolitischem Verständnis den Prozess, durch den bisher außen stehende Personen oder Gruppen zugehörige Glieder einer größeren sozialen Gruppe oder auch Gesellschaft werden sollen. Es handelt sich dabei um die kombinatorische Schaffung eines neuen Ganzen unter Einbringung der Werte und Kultur der außen stehenden Gruppe in die neue Gesellschaft, bei Erhalt einer eigenen Identität. So könnten beispielsweise Immigranten in eine Kultur integriert werden. Integration in diesem Sinne hat jedoch starke Züge einer politischen Zielsetzung; die widersprüchlichen Züge von gleichzeitig angestrebter Einpassung und Nichteinpassung haben eine streng soziologische Begriffsbildung zur Integration bis heute erschwert. [5]

Es gibt daher auch für den soziologischen Begriff von Integration keine wirklich einheitliche Definition. Allgemein formuliert bezieht sich der Begriff Integration aus soziologischer Sicht auf die verhaltens- und bewusstseinsorientierte Eingliederung und Angleichung von Personen und/oder Gruppen an Wertestrukturen und Verhaltensmuster. Im Kontext

---

[4] Treibel 2003: 21

[5] Vgl. Wikipedia, die freie Enzyklopädie, http://de.wikipedia.org/wiki/Integration vom 25.03.2005

mit Migration bedeutet dies die Orientierung an Wertestrukturen und Verhaltensmuster des Einwanderungslandes.

„Im übergreifenden Sinne geht es bei Integration also darum, Kompetenzen und Möglichkeiten zur angemessenen Beteiligung in den verschiedenen Teilbereichen des gesellschaftlichen Lebens zu schaffen bzw. aufrecht zu erhalten"[6] ist hier sicherlich als eine Quintessenz anzusehen.

1.4 Internetnutzung

Unter Internetnutzung wird Art und Umfang derselben verstanden, dies umfasst die Häufigkeit an sich und die Menge an Zeit welche aufgewendet wird ebenso wie die aufgerufenen Inhalte. Hierbei ist der eigentliche Zugang zum Medium Internet ebenfalls von grundlegender Bedeutung.

---

[6] Vgl. Sachverständigenrat für Zuwanderung und Integration 2004: 234

2. Grundlegende Daten

2.1 Türkische Migranten in Deutschland

Die Türken oder türkischstämmigen Menschen[7] stelle die größte Gruppe der Menschen mit Migrationshintergrund in Deutschland dar.

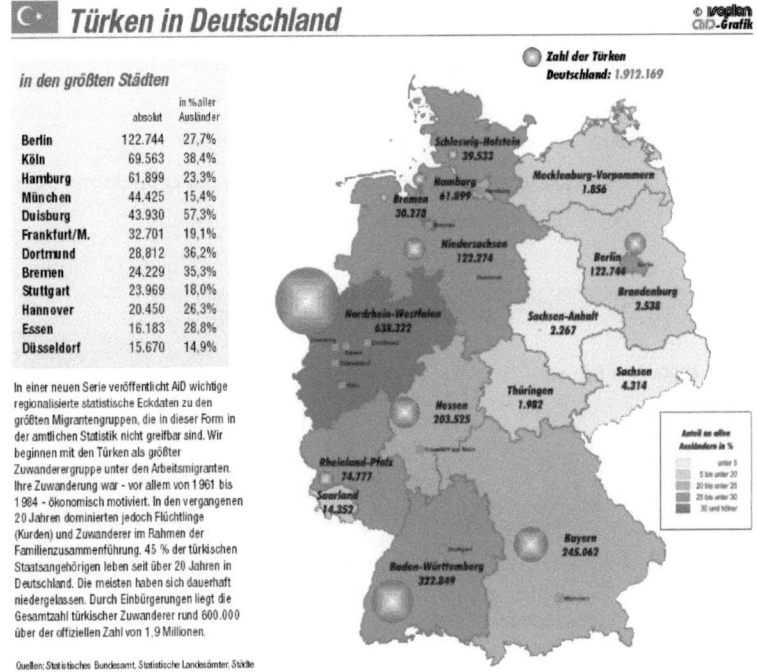

Abbildung 1: Türken in Deutschland

Im Jahr 2002 lebten ca. 2,5 Millionen Menschen türkischer Abstammung in Deutschland, davon mittlerweile ca. 600.000 mit deutschem Pass (vgl. Abbildung 2), Tendenz steigend, da der Anteil der in Deutschland Geborenen inzwischen auf ca. 37% angestiegen ist. [8]

---

[7] Hier similar genutzt mit dem Begriff der türkischen Migranten

[8] Vgl. www.deutschtuerken2002.de

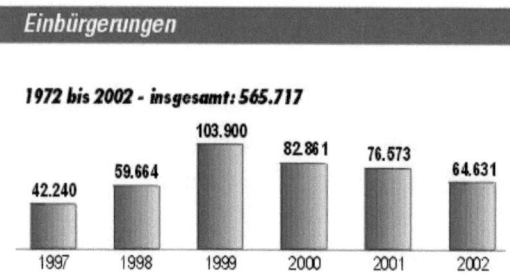

Abbildung 2: Zahl der Einbürgerungen von Türken in Deutschland

Darüber hinaus ist die Aufenthaltsdauer türkischer Migranten in Deutschland sehr lang, über 70 % befinden sich länger als zehn Jahre, über 45 % sogar über dreißig Jahre in Deutschland (vgl. Abbildung 3).

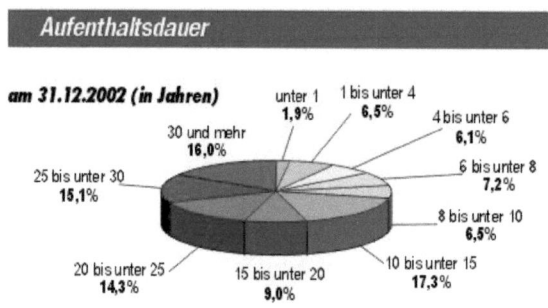

Abbildung 3: Aufenthaltsdauer türkischer Migranten in Deutschland

Türkisches Leben konzentriert sich vor allem in den urbanen Zentren und den Ballungsräumen. Ein Viertel der Deutschtürken lebt in zehn Großstädten, ca. 30 % in Nordrhein-Westfalen, wie Abbildung 1 zu entnehmen ist.

2.2 Internetnutzung türkischer Migranten

Generell ist zu konstatieren das zu dem Bereich der Nutzung des Internets durch Migranten in Deutschland bislang nahezu keine Erhebungen stattgefunden haben, lediglich zur Gruppe der türkischen Migranten existiert eine umfangreichere Studie, diese ist mit „Lebenswelten Deutschtürken 2002" [9] betitelt und wurde von den Firmen LabOne GmbH und GIM [10] mbh im Jahre 2001 durchgeführt.

2.2.1 Zugang und Häufigkeit

Haben Sie Zugang zum Internet?

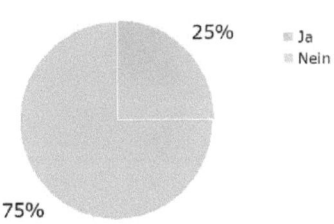

Abbildung 4: Internetzugang türkischer Migranten

Zur spezifischen Internetnutzung türkischer Migranten in Deutschland kann auf Basis der Studie folgendes konstatiert werden:

Ein Viertel der im Rahmen dieser Studie Befragten verfügen über einen eigenen Zugang zum Internet (vgl. Abbildung 4). Von diesen 25 % verbringen 35,6% sogar mehr als 7 Stunden pro Tag im Netz, zusammengerechnet immerhin auch 73,6 % noch 2 Stunden oder mehr, wie in nachfolgender Abbildung ersichtlich ist.

---

[9] Vgl. www.deutschtuerken2002.de vom 25.03.2005

[10] GIM = Gesellschaft für innovative Marktforschung , Heidelberg

Wie viel Zeit verbringen Sie pro Woche etwa im Internet?

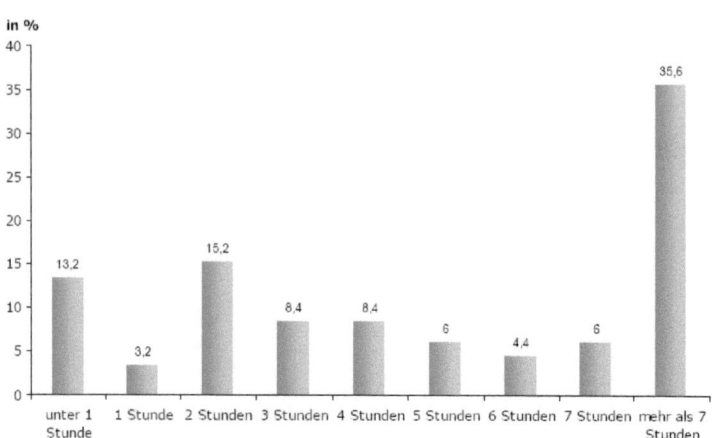

Abbildung 5: Wöchentlicher Zeitanteil der Internetnutzung

2.2.2 Art der Internetnuzung

Der für die Internetnutzung am häufigsten angegebene Grund ist mit 71,2% der Informationszweck, gefolgt von den Kategorien E-Mails und Chat, welche durchaus auch im Sinne einer kommunikativen Kategorie zusammengefasst werden können und auf dieser   Basis dann den häufigsten Nutzungszweck in der interaktiven Kommunikation bzw. dem kommunikativen Austausch sehen (vgl. Abbildung 6).

Wozu nutzen Sie das Internet?

(Mehrfachantworten möglich)

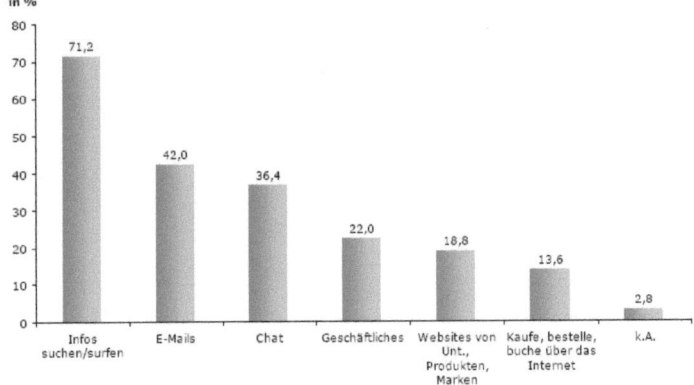

Abbildung 6: Art der Internetnutzung

2.2.3 Sprache der genutzten Inhalte

In welcher Sprache nutzen Sie das Internet?

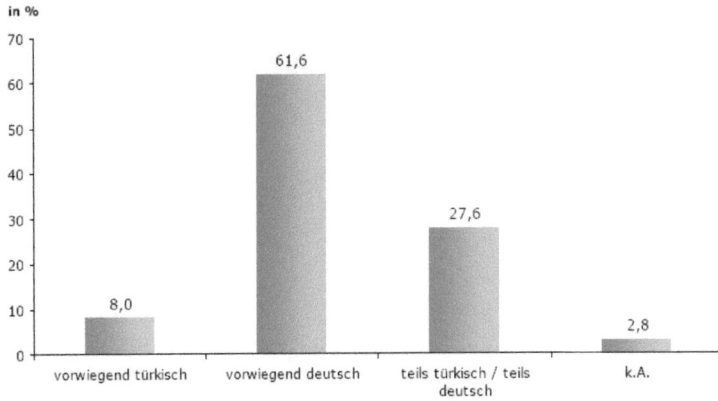

Abbildung 7: Sprache der genutzten Internetseiten

Bei der Frage nach der Sprache der Inhalte ist auf den ersten Blick auffällig das hier vorwiegend deutschsprachige Angebote genutzt werden, im Zusammenhang mit der Angabe der Informationsbeschaffung als häufigstem Grund für die Internetnutzung macht dies allerdings Sinn, da Information zu und über Deutschland sowie die eigene lokale Umgebung zumeist sicherlich nur in deutscher Sprache vorhanden sind. Dies lassen zumindest die Inhaltsanalysen türkischer respektive türkischsprachiger Medien vermuten [11], welche nur einen marginalen Anteil an Berichterstattung über Deutschland per se und nahezu keinen Anteil an lokaler Berichterstattung betreiben.

---

[11] Vgl. Faist 2000 :126 - 138

3. Integration und Internetnutzung

Im Zusammenhang mit Integration ergibt sich unter dem Aspekt der sprachlichen Qualifikation und dem Bereich der Mediennutzung zur Informationsbeschaffung ebenfalls eine Relevanz der Internetnutzung im Zusammenhang mit Institutionen und den Zugang zur Gesellschaft und ihren sozialen und rechtlichen Rahmenbedingungen und Ausgestaltungen des Einwanderungslandes.

3.1 Mögliche Folgen der Internetnutzung

Hierbei ist zwischen der Nutzung von deutschsprachigen und jeweils muttersprachlichen Internetangeboten zu differenzieren. Diese Differenzierung muss weiterhin nach Auswirkungen auf einerseits die sprachliche Qualifikation und andererseits dem Zugang zu Informationen und Nachrichten über das Migrationsland Deutschland auf nationaler, regionaler und lokaler Ebene erfolgen.

Wichtig ist diese Unterscheidung insofern als das Sprache der Schlüssel zur Integration ist. Sprachkenntnisse erleichtern den Zugang zu und die Teilhabe an der Gesellschaft, sie sind zudem die Grundlage für eine erfolgreiche Bildungskarriere und steigern die Chancen zur Integration in den Arbeitsmarkt.[12]

Bei der Nutzung deutschsprachiger Angebote kann davon ausgegangen werden das dies im Allgemeinen der Sprachkompetenz förderlich ist. Darüber hinaus stehen in deutscher Sprache vielfältige Informationen zur Verfügung, sowohl in Hinsicht der Berichterstattung als auch der Darstellung von gesellschaftlichen, sozialen und rechtlichen Zusammenhängen und Gegebenheiten.

---

[12] Vgl. BAMF 2004:88

Die Nutzung muttersprachlicher Angebote ist im Hinblick auf eine Integration in Deutschland eher negativ zu betrachten. Es findet im Allgemeinen nur marginale Berichterstattung über Deutschland an sich und keine lokale Berichterstattung statt. Hier entsteht in dieser Hinsicht durchaus ein Informationsdefizit. Zudem besteht hier ersichtlicherweise kein Sprachlerneffekt. Einzig die Kommunikation mit anderen Migranten oder dem Heimatland kann in diesem Kontext als relativ positiv bewertet, da ersteres die Möglichkeit bietet mit Gleichgesinnten und mit ähnlichen Schwierigkeiten belasteten Menschen sich auszutauschen und letzteres dem eigenen Selbstbewusstsein, der eigenen identitären Vergewisserung, zuträglich ist.

3.2 Potentiale der Nutzung des digitalen Mediums Internet

Die Nutzung des Internets durch Migranten kann für die Integration über den Vorteil des Spracherwerbs und der weitere Chancen generieren.

Dies beginnt bei der einfacheren Kontaktfindung und führt über die Beschaffung von Informationen hin bis zum vereinfachten Kontakt mit Behörden oder Institutionen.

Vor allem bei der Kontaktaufnahme, speziell zwischen den Menschen mit Migrationshintergrund und der im Einwanderungsland lebenden Bevölkerung, kann das Medium Internet vieles vereinfachen. Der Kontakt erfolgt schneller, einfacher und direkter, basiert tendenziell auf gleiche Interessen und vernachlässigt Faktoren wie direktes Umfeld, ethnischen Habitus und Erscheinungsbild.

Die Informationsbeschaffung kann zielgerichteter erfolgen und bietet die Möglichkeit der Nutzung von Übersetzungsdiensten und/oder –Software.

Internetinhalte können multilingual aufgebaut sein und somit einerseits die Orientierung erleichtern sowie die Bindung an das Einwanderungsland erhöhen und andererseits, z. B. durch die direkte Vergleichsmöglichkeit zwischen den einzelnen Sprachen, Sprachkompetenz und Sprachlernen fördern. Dies gilt im Besonderen auch für Angebote öffentlicher Einrichtungen, wobei hierzu, vor allem auch unter dem Aspekt der Informationsbeschaffung, die Internetauftritte der öffentlich-rechtlichen

Rundfunkanstalten zu zählen sind. Beispielhaft sei hier das Vorbild des BBC Worldservices [13] genannt, welcher in 43 Sprachen genutzt werden kann.

Anzumerken ist, wie schon vorher ausgeführt, das im Bereich der Internetnutzung bislang noch keine differenzierten Nutzungsstudien und/ oder –Untersuchungen existent sind und daher tendenziell eher von potentiellen Möglichkeiten gesprochen werden muss, welche zumeist auf den Erfahrungen und Ergebnissen von Studien aus dem Bereich der allgemeinen Mediennutzungsforschung sowie der Erforschung der Mediennutzung von Migranten stammen.

---

[13] Vgl. http://www.bbc.co.uk/worldservice/ vom 27.03.2005

4. Fazit und Ausblick

Zusammenfassend kann konstatiert werden das die Nutzung des Internet für Migranten mehrere wichtige Funktionen erfüllen kann. Dies sind die gesellschaftliche Orientierung im Einwanderungsland, Kommunikation in der Heimatsprache und Erlernen der Sprache des Einwanderungslandes, direkte Verbindung zur eigentlichen Heimat sowie die Vernetzung der Migranten untereinander.

Des Weiteren kann die Nutzung von Internet die Kontaktaufnahme mit der im Einwanderungsland lebenden Bevölkerung erleichtern, Interkulturelle soziale Kontakte und Kommunikation durch die interaktiven Möglichkeiten verwirklichen. Da dies durch das Medium Internet alles in einem relativ geschützten Rahmen ermöglicht wird kann dieses zu einer erfolgreichen Integration in die Gesellschaft des Einwanderungslandes beitragen, unter Umständen auch zur Entstehung einer veränderten multikulturellen Gesellschaft.

Allerdings ist hier darauf hinzuweisen, dass der Zugang, sowohl technischer als auch intellektueller Natur, zum Medium Internet und seine Angeboten und Inhalten in jedem Falle Berücksichtigung finden sollte. An dieser Stelle ist es notwendig die benötigten Soft-Skills zu vermitteln.

Eine umfassendere und konsequentere Ausrichtung aller an der Integration von Migranten beteiligten Institutionen, hierzu zählen auch Migrantenselbstorganisationen, an der Nutzung des digitalen Mediums Internet auf all seinen Ebenen ist daher mit Sicherheit von Vorteil für alle Beteiligten.

Sicherlich besteht im Forschungsfeld der Internetnutzung von Migranten noch ein hoher Bedarf an der Erhebung von dedizierten, zuverlässigen Zahlenmaterial, um Integrationsmaßnahmen im Bereich des Mediums Internet zielgerichtet und sinnvoll zu gestalten. Hierbei ist es auch notwendig die Kompetenz im Umgang mit dem Medium Internet gezielt zu untersuchen, um gegebenenfalls Handlungsempfehlungen und Anleitungen daraus zu extrahieren.

Anzumerken ist sicherlich noch, dass der Faktor des Integrationswillens bei allen, durch die Internetnutzung, vorhandenen Potentialen nicht zu vernachlässigen. Dieser Integrationswille ist unverzichtbar für den Erfolg und ist ablesbar im Bemühen des Einzelnen sich aus eigener Initiative zu integrieren. [14] Wenn dieser Integrationswille bei allen Beteiligten vorhanden ist bietet das Medium Internet vielfältige Chancen für die Integration.

---

[14] Vgl. BAMF 2004:87

Quellenverzeichnis

Literaturverzeichnis

Treibel, Annette, 2003: Migration in modernen Gesellschaften - Soziale Folgen von Einwanderung, Gastarbeit und Flucht. München: Juventa

BAMF, Bundesamt für Migration und Flüchtlinge, 2004: Migration und Asyl in Zahlen. Nürnberg: BAMF

Faist, Thomas (Hg.), 2000: Transstaatliche Räume – Politik, Wirtschaft und Kultur in und zwischen Deutschland und der Türkei. Bielefeld: transcript

Sachverständigenrat für Zuwanderung und Integration, 2004: Migration und Integration – Erfahrungen nutzen, Neues wagen. Nürnberg: BAMF

Internetquellen

www.bbc.co.uk/worldservice/ vom 27.03.2005

www.deutschtuerken2002.de vom 25.03.2005

www.isoplan.de/aid/ vom 25.03.2005

www.wikipedia.de , Wikipedia – Freie Enzyklopädie vom 25.03.2005

Abbildungsverzeichnis